OPINIONS,

PENSÉES ET DITS NOTABLES

DE

JEAN PIPREL

sur les événements du jour

PARIS,

DAUVIN ET FONTAINE, ÉDITEURS,

passage des Panoramas, 35, et galerie de la Bourse, 1, près la rue St-Marc

1844.

OPINIONS,
PENSÉES ET DITS NOTABLES
DE

JEAN PIPREL

sur les événements du jour.

PARIS,

DAUVIN ET FONTAINE, ÉDITEURS,

passage des Panoramas, 35; galerie de la Bourse, 1, près la rue St-Marc.

1844.

AVANT-PROPOS.

Mon cher lecteur, je ne te dirai rien du présent écrit, par la raison que je n'en sais rien de plus que toi-même, jusqu'à présent.

Il se peut que tu y trouves des choses curieuses et divertissantes. Cela dépend de toi : et voici comment.

Suppose qu'un homme timide, d'ailleurs vif et jovial, entre dans une compagnie. Si les fronts sont ouverts, les regards bienveillants, il parle; si l'on rit, il s'anime ; le voilà en train : son esprit s'allume et jaillit comme un feu d'artifice, à la satisfaction des assistants.

Si les gens sont froids, rechignés, maussades, bonsoir. C'est de la pluie sur les fusées. Notre homme parle de la pluie..... et du beau temps; il passe partout pour un sot.

Tu me demanderas : qu'as-tu à nous dire?

Rien.....

Et c'est pourquoi je me crois obligé, sur l'honneur, sans délai, au nom de l'humanité, de prendre la plume.

Un concours de circonstances fatales m'a jeté dans le métier d'écrire. La vanité y joua son rôle, je le veux croire; mais la principale raison fut mon instruction primaire totalement manquée.

Je ne pus jamais apprendre assez d'écriture et de calcul. Je veux dire une belle écriture anglaise, qui mène à tout, disait mon père.

Rejeté dans les belles-lettres, par ma faute, si l'on veut, j'y demeure par nécessité; et cette faute, je l'expie cruellement par la vue de mon insuffisance, qui m'est à tout moment un cuisant reproche.

Quoi qu'il en soit, je crois, — et tu croiras comme moi, avec un peu de bonne volonté, — que je puis trouver des consolations, et quelque occasion d'être utile, dans le présent état déplorable du public français.

Dans une grosse maladie, et lors même qu'elle touche à sa fin, le malade a perdu le goût de la bonne et substantielle nourriture. Quel imprudent lui voudrait livrer une tranche de bœuf cuit à point, un quartier de pain de ménage et quelque flacon de vin vieux ? Ce serait bien de quoi le tuer. Il n'y saurait goûter, d'ailleurs.

Que lui donne-t-on, bonnes gens ?

Du bouillon coupé, un brin d'épinards cuits à l'eau, de la confiture, à longs intervalles et à belles courtes cuillerées ; quelque chose qui réveille le goût petit à petit, et soutienne l'estomac sans le charger.

Me croyez-vous tout à fait impropre à mixtionner, distiller et dûment accommoder telles fadeurs et nourritures préparatoires ?

A la besogne donc, à l'œuvre, beau mitron, soufflons le feu, hochons le pot ! Puisse-t-il en tirer profit, le précieux malade, et parvenir à pleine et entière guérison ; c'est la grâce que je lui souhaite. Mais gardez qu'il meure en chemin !

EXEMPLES QUI ENCOURAGENT.

J'ai confessé mon ignorance ; ne vous en souciez non plus que moi. C'est une petite affaire en ce temps-ci, surtout quand il s'agit d'écrire.

Je n'ai rien appris au collége, il est vrai, mais j'avais là un bon petit compagnon, qui apprit encore moins que moi.

Il connaissait les déclinaisons par ouï dire ; jamais il ne put seulement accoucher d'un barbarisme ; il ne fit que tricoter en classe, durant ses humanités ; et si fut-il depuis procureur général.

Il est aujourd'hui l'honneur du parquet de Paris, et envoie tous les jours au cachot des gens qui en savent plus que lui ; non pour autre cause peut-être. Bel exemple aux fils de famille.

Il est vrai qu'il se fit alors une révolution, comme à point nommé. Il n'est tel dans les révolutions que de ne rien savoir. Le mot vous le dit : revirement, retour, bouleversement. Ce qui était dessus tombe dessous, et ceux qui ne savent rien montent à la place de ceux qui savent.

Voilà pourquoi ceux qui ne sont rien, n'ont rien, ne savent rien, désirent tant les révolutions.

Je vous en souhaite une bonne, aussi bien qu'à moi, accompagnée de plusieurs autres.

Voulez-vous un meilleur exemple : prêtez l'oreille un moment.

CHOIX D'UN PROFESSEUR DE PHILOSOPHIE.

Les Français sont tous également admissibles aux emplois... dit la Charte.

J'avais trois amis champenois qui mangeaient à Paris le bien de leurs pères, tant en espèces qu'en vins du cru, qu'ils se faisaient envoyer par belles panerées.

Ces paniers, si vous l'entendez, étaient

de purs présents qu'on croyait leur faire; mais les présents sont parfois ruineux. Vous savez l'histoire de ce riche avare, à qui mal en prit pour avoir imprudemment accepté, le jour de sa fête, une paire de pantoufles de sa nièce.

Les pantoufles neuves couraient risque de se salir devant l'âtre malpropre. Le vieillard y mit un tapis. Le tapis jurait avec le dessus de la cheminée : voici des bronzes et des porcelaines. La cheminée n'allait plus avec le mobilier : il fallut des meubles, des rideaux, et enfin rebâtir la maison; le vieillard s'endetta et mourut à l'hôpital.

Ainsi des Champenois. Quand ils recevaient du vin, ils le buvaient avec leurs amis. Combien d'amis, quand on reçoit du vin de Champagne !

Fallait-il bien aussi manger un morceau pour reprendre haleine. Et mes Champenois n'étaient pas gens à manger leur pain sec. Ils commandaient un repas chez le traiteur. Les amis égayés cassaient la vaisselle, et pour finir on endommageait les meubles.

Voilà comment ces présents coûtaient bon à mes Champenois. Nous ne compterons pas le port, si vous voulez.

Je ne dirai rien non plus de trois gastrites qui les aident, pour le présent, à garder mémoire de ces moments agréables. Ce ne sont point là nos affaires, dont bien nous prend.

Puissent seulement les chefs de famille reconnaître l'abus de ces envois capiteux en matière d'instruction publique ! Car les Champenois pensaient faire leurs études en buvant si bien.

Un jour, dans un de ces festins qui attiraient sans cesse quelque connaissance ancienne ou nouvelle, j'aperçus un visage inconnu.

C'était un garçon maigre, louche, pâle, sec, mince, voûté, avec une bouche fendue jusqu'à l'oreille, de grosses dents qui soulevaient la lèvre, un sourire aimable parmi, et l'air fort doux ; il était au bout de la table.

On but, on mangea, on rit, on cria. Le jeune homme ne desserra pas les dents. Je veux dire qu'il ne parlait point. Les dents, il les desserrait, je l'atteste, avalant les morceaux en double, et vidant son verre ponctuellement, comme qui joue d'une écope ; le tout en silence, et le nez modestement penché sur l'assiette.

S'il levait la tête un moment, il promenait son œil trouble sur les convives, souriait sans sujet et reprenait le travail. Je fus le seul à le remarquer.

Le dessert arriva et tout ensemble les vins pétillants. Dans tous les yeux tremblait une paillette. Après le dessert, le café ; puis les liqueurs ; après les liqueurs, le punch. C'est le moment où le discours tombe, de coutume, entre bons esprits, sur la religion et sur la morale......

Part un profond soupir : on se retourne; une chaise glisse. C'était le jeune homme, à qui nul ne songeait, qui roulait par terre, rendant la gorge, le pauvret! copieusement.

— C'est Ariste! dit froidement l'un des Champenois. Qu'on l'emporte! telle est son habitude.

On emporta le jeune homme, et je suppose qu'on lui fit du thé.

— Qu'est-ce que ce jeune homme? dis-je au Champenois.

— Je ne saurais vous dire ; mais il est rempli de talent.

A quelque temps de là, — c'était, il m'en souvient, le lendemain du mardi gras, de grand matin, — je rencontre l'aîné des Champenois qui courait sur le boulevard.

— Où allez-vous si vite ?

— Je vais au corps de garde dégager un ami arrêté cette nuit dans une bagarre du bal masqué. Je ne sais comment on s'en est pris à lui, c'est un agneau véritable. Notez qu'il était ivre mort.

Comme il disait ces mots, quatre hommes sortaient du poste portant sur une civière un *Pierrot* malheureux, pâle, roide, couvert de boue et de lambeaux.

Le Champenois suivit le cortége, comme le chien du convoi du pauvre.

Pour moi, j'avais reconnu sur le brancard ce jeune homme qui avait l'air si doux et de si longues dents.

— Qu'est-ce donc que ce jeune homme? dis-je au Champenois.

— Je ne saurais vous le dire précisément; mais c'est un garçon profondément instruit.

Il fallut encore me résigner pour cette fois.

Paris est plein de ces aventuriers de la plume qui écrivent on ne sait où, qui vivent on ne sait comment, et se font aisément un grand nom dans un petit cercle de dupes.

J'avouerai pourtant que l'éloge répété du Champenois commençait de me faire impression, malgré que j'en eusse. C'est l'effet ordinaire.

Et d'ailleurs il fallait opter : mon ami était un sot, ou le Pierrot un homme rempli de talent. Et il m'en coûtait de sacrifier mon Champenois.

Celui-ci, notamment, était le meilleur des trois, et je le visitais volontiers, même quand il demeurait sans nouvelles de son pays.

Un matin, passant devant sa porte, je monte chez lui; les rideaux étaient tirés, la pièce dans l'obscurité.

— Chut! me fait le Champenois avec un signe.

L'alcôve était pareillement fermée. J'assourdis mes pas, je retiens mon souffle, et demande d'une voix étouffée ce qu'il y a :

Il répond de même :

— Un malade. Nous avons bu et joué hier soir. Ariste a tant joué qu'il a perdu, et il a tant bu que.....

Certains parfums bachiques me confirmaient à mesure le récit du Champenois. Un soupir partit du lit, le malade écarta le rideau et nous regarda avec un doux sourire qui découvrait un ratelier bien reconnaissable.

— Reposez-vous, dit le Champenois en rabattant le rideau, il n'est pas temps de vous lever.

J'avais reconnu le jeune homme du corps de garde, et ma curiosité s'irritant de plus en plus, j'attirai le Champenois dans le la pièce.

— Au nom de notre amitié, dites-moi, je vous en conjure, ce que c'est que ce jeune homme?

— C'est un jeune homme extrêmement...

— Je sais cela, lui dis-je, passez outre.

— Il cherchait depuis longtemps à se placer, mais enfin il vient d'obtenir de M. le ministre de l'instruction publique une chaire de philosophie au collége royal de.....

Il me nomma la ville.

Je ne suis pas curieux, comme on sait, de l'enseignement universitaire; mais je voudrais, m'en coutât-il grand'chose, connaître la philosophie que ce doux jeune homme peut enseigner à ses élèves.

Je conclus de ce qui précède qu'il me sera permis, sans trop de présomption, d'aborder comme un autre bien des sujets.

Encore n'oserai-je toucher à la philosophie.

ENTRÉE EN MATIÈRE.

Je taille donc ma plume, et demande à chacun de quoi il est question.....

Que vois-je? — On tente de réchauffer les opinions catholiques. Hé, bonnes gens! Vous me faites rire.

Vous me montrez un clergé puissant et uni. — Soit.

Les plus grands noms du siècle. — C'est l'usage.

Les plus honnêtes gens. — Nous le savons.

Du zèle, du courage, des livres, des journaux. — Avez-vous fini? Vos projets sont fort beaux, mais, il faut vous le dire, vous n'avez plus aucune chance.

La religion peut être bonne pour les fortes têtes et les classes élevées de la société; je conçois qu'un cœur droit, qu'un esprit bien fait, qu'une âme honnête, qu'un homme instruit qui réfléchit sur l'homme et la société, se rendent au catholicisme.

Mais les sots, les ignorants, les méchants, ne s'y prendront jamais. Et ceux-là font le grand nombre.

Ce qu'il faut à ceux-là, c'est Voltaire, le bal Musard, les théâtres, les feuilletons, etc. Vous ne les en tirerez point.

Eh! comment le gros des gens de ce siècle goûterait-il une religion qui non-seulement défend d'être égoïstes, voleurs, ambitieux, débauchés, ivrognes, etc., mais qui commande d'être bienfaisants, désintéressés, charitables, humbles, chastes, tempérants, etc.?

Ce simple aperçu vous condamne.

Si du moins vous permettiez, dans l'occasion, de vendre à faux poids, de fouiller, selon le besoin, quelques poches et de débaucher quelques filles; mais vous n'avez garde. Et c'est en quoi vous n'êtes plus au niveau de l'époque.

Ah! que je connais depuis peu des philosophes qui sont plus adroits que vous! Ce ne sont point là des gens à lésiner sur le bien d'autrui. Jusqu'où n'ont-ils point poussé les variantes de Basile?

« — L'homme a des passions, diront-ils, ces passions le rendent misérable : donc il doit... les garder.

« N'allez point les brider au moins ! Laissez-les, lâchez-les, poussez-les et courez avec elles à tous les diables ! Ne vous gênez point, je vous prie.

« Vous servant de vos passions, vous n'aurez point à les combattre.

« Et voilà la manière de s'en servir.

« Gribouille, qui n'était point un sot, avait pressenti l'expédient, et se jetait dans la rivière, s'il venait à pleuvoir, de peur de se mouiller. »

C'est parler, cela. Et voilà des gens qui mériteraient d'être écoutés. On m'a dit qu'ils ne l'étaient guère. Tant pis.

Mais, pour ce qui est de ces catholiques, finissons-en, de grâce ! allons, tôt, faisons vite ! Et d'abord, il leur faut bien faire entendre qu'ils sont morts, sans quoi c'en est fait de nous.

Au surplus, je connais d'habiles gens qui vont s'en mêler un peu. Nos savants aiguisent leurs plumes. Voilà la guerre allumée. Je ne demandais autre chose.

Qu'arrivera-t-il? Les esprits qui demeuraient indifférents sur ces matières vont s'en occuper, les tièdes s'échaufferont. On examinera, on réfléchira, les gens seront forcés de prendre parti.

Dès lors tout va pour le mieux. Car, entre l'Évangile et *le Constitutionnel*, entre les Pères de l'Eglise et le Voltaire-Touquet, entre Bossuet et Mlle Flora-Tristan, est-il croyable, je vous le demande, qu'un homme de sens puisse hésiter un moment?

APERÇU CRITIQUE.

Je ne saurais aller plus loin sans avertir d'une grosse erreur qui a couru longtemps sur le compte de l'illustre Malebranche.

On a pensé que Malebranche croyait à la religion. Il n'en est rien : Malebranche ne croyait point. C'est une chose avérée aujourd'hui parmi tous ceux qui ne l'ont pas lu.

Et ils sont en nombre, sur quoi je me rassure.

Ce qui me porte à croire qu'ils ont raison, c'est que Malebranche annonça de bonne heure un goût extrême pour la méditation, et qu'après de bonnes études et de longues réflexions sur le choix d'un état, il choisit l'état ecclésiastique.

Remarquez en outre qu'il suivit son cours de théologie en Sorbonne, et se fit admettre dans la congrégation de l'Oratoire.

Ce n'est pas tout. Après vingt ans de méditations plus profondes, il publia la *Recherche de la vérité*, et successivement huit ou dix tomes où il appuyait les vérités de la religion de toutes les forces de son génie.

Enfin, remarquez ceci, il mourut à soixante dix-sept ans, comme un saint, en pratiquant ce qu'il avait enseigné.

D'où il est aisé de conclure qu'il ne

pensait pas un mot de tout ce qu'il a dit.

Ces bizarreries sont communes dans l'histoire des lettres. Voltaire, par exemple, passe pour un homme tiède en matière de religion, ou peut-être incrédule. C'était un bigot.

La *Correspondance*, le *Dictionnaire*, la *Pucelle*, tout ce qu'il a fait, n'était que pour servir le christianisme et sauver les âmes. Un pur fanatique, entendez-vous. Gardez-vous de le prendre au pied de la lettre.

Et voilà comme les règles de la critique ne servent à rien.

Il est assez connu que l'*Imitation de Jésus-Christ* est l'ouvrage d'un mécréant. Poussez là-dessus les scoliastes du Collége de France, il vous avoueront tout bas qu'il avait fait trois fois banqueroute.

Vous croiriez donc qu'on doit croire

quelqu'un qui croit à ce qu'il croit ? C'est un abus. Vous devez croire qu'il ne croit pas. Toute l'Eglise serait chrétienne si on la voulait écouter.

C'est ainsi que Pascal doutait ; mais celui-là, qui en doute ?

Pour moi, quand je songe qu'il s'est tant mêlé de théologie, quand je pense à sa dévotion, quand je me souviens qu'il a préparé durant ses dernières années un grand ouvrage destiné à prouver la vérité de la religion, et dont il voulait occuper sa vie entière ; quand je lis ses *Pensées* (augmentées surtout des précieuses découvertes de M. Cousin), je vois bien qu'il était sceptique, sceptique achevé.

Et je ne puis surtout me mettre dans la tête qu'en attestant de toute son âme la vérité du christianisme, il voulût attester, en effet, la vérité du christianisme.

Le tout n'était que doutes, ombrages, incertitudes, fumées et histoire de rire honnêtement.

Je vous dis qu'il en badinait, après boire, avec ses amis.

Eh! qui n'a jamais douté? M. Cousin lui-même, M. Cousin peut-être a douté parfois qu'il fût un grand philosophe. Qui l'en blâmerait?

Moi aussi j'en ai douté; mais au fond il le croit, qu'il est un grand philosophe, et qu'est-ce qui nous empêche de le croire aussi? (mystère de foi.)

Le doute, a dit quelqu'un, est comme une mouche importune; on a beau le chasser, il revient toujours.

Pascal aurait donc pu douter quelquefois comme un autre; le mal, c'est qu'il doutait toujours, et je n'en veux pour preuve que son livre entrepris pour la défense de la foi et ses assiduités aux sacrements, ce qui, pour un homme de cette étoffe, n'était qu'un jeu.

ÉTYMOLOGIE.

Un de nos philanthropes les plus célèbres (ils sont tous célèbres), visitait un bagne, et consolait, exhortait les forçats, sans leur cacher qu'ils avaient eu des torts. C'est un homme éclairé.

On lui montre un condamné qui avait tué son père à coups de marteau. Le philanthrope hoche la tête, comme de juste :

— Hein ! hein ! vous l'avez tué ; hein ! il

était votre père; hein! un père a toujours des droits..... hein! cela n'est pas bien, ça..

— Vous ne trouvez pas ça bien, vous! dit le forçat piqué; faites-en autant.

Le philanthrope se retire. Les forçats reprennent l'entretien.

— Qu'est-ce que c'est que cet homme-là?

— Un philanthrope.

— Qu'est-ce que c'est que ça un philanthrope?

— C'est du grec, à ce que dit Chanut.

— Demande à Chanut ce que ça veut dire?

CHANUT. — Qui *aime* les *filous*.

INDUSTRIE.

J'ai visité l'exposition des produits de l'industrie. Rien de plus rare et de plus admirable.

Je suis ravi en mon esprit, quand je songe qu'on fait à présent du vin sans raisin et du lait avec de la cervelle de cheval. (pouah !)

Si ces industries sont des marques de civilisation, nous sommes les plus civilisés *des hôtes de ces bois*.

On a vu pourtant des peuples qui étaient aussi fort civilisés et qui ne s'en portaient pas mieux. Certes, les Romains durent s'émerveiller des raffinements de l'empire, en songeant à l'ancienne pauvreté de leur république.

Il est vrai que c'étaient les Cincinnatus qui mangeaient dans des écuelles de bois, et les Caligula qui avaient poussé si loin la cuisine.

Encore n'avaient-ils songé, ni les uns ni les autres, à la cervelle de cheval.

AFFAIRES ÉTRANGÈRES.

Elles vont très bien, ces affaires ; pour ma part, j'en suis content ; content comme un roi ; s'il est vrai qu'un roi soit jamais content.

I.

Il y a quelques années, des négociants de Marseille s'avisèrent d'exploiter les mines de soufre de la Sicile. Le gouvernement de Naples les laissa faire, et n'exigea qu'un petit droit.

Des Anglais imitèrent nos négociants ; chacun fit des frais, on bâtit des maisons, on fonda des établissements.

Quand on fut bien établi et sur le point de recueillir le fruit de tant de travaux, Naples frappe l'exploitation d'un impôt énorme. Les négociants frustrés demandaient une indemnité.

Les Anglais firent mine de la demander à coups de canon : ils l'ont obtenue.

Le ministère français a préféré les voies de douceur : nos négociants attendent. Bonne affaire, comme vous voyez.

II.

— Il y a quelque part au-delà des mers, une manière de Caligula à parements bleus, plus méchant qu'il n'est gros, qu'on appelle Rosas.

Il règne sur une centaine d'estafiers qu'il emploie à fusiller çà et là, à son gré, le plus de monde qu'il peut ; et malgré le nom, tout n'est pas roses sous le régime de ce fantasque.

J'ai lu l'autre jour dans un journal que Néron, Caligula, Héliogabale n'étaient que d'aimables voluptueux et des gens d'esprit à jolis caprices. Ce Rosas est du genre : un abominable imbécile, entendez bien.

Il essaya dernièrement de s'en prendre à

des sujets américains ; mais un navire de ce pays vint s'embosser sous ses fenêtres et lui posa soixante bouches à feu sur la gorge.

Le navire obtint satisfaction.

Des français ruinés, pillés, ont porté plainte à leur gouvernement : (je ne parle pas des morts qui font aussi bien de ne pas se plaindre) le gouvernement français a voulu mener les choses dans la douceur.

L'affai[illegible] train.

III.

— Je voyageais en Piémont tandis qu'on se battait à Paris. (La nouvelle est encore fraîche, je ne l'ai dite à personne.) J'étais à pied.

Un gendarme Sarde qui devine de loin un Français, m'arrête et me demande mon passeport. Le trouvant en règle, il me demanda si j'étais de Paris.

— Je répondis que oui.

Ce qu'il y avait de nouveau? et si l'on se tirait toujours des coups de fusil dans les rues?

— Je répondis que oui.

Mon homme pousse un soupir d'admiration et se frappe le front du doigt :

— Toujours des révolutions ! *han qualque cosa nella testa !* — Quelque chose comme un coup de marteau, voulait-il dire en son patois.

Il me regarde avec intérêt et me rend mon papier. Le regard de ce gendarme m'en apprit beaucoup sur nos relations extérieures.

SUICIDE.

Hier un événement sinistre a jeté la consternation dans le quartier du Palais-Royal. Un homme que l'on a reconnu plus tard pour un industriel exposant, arrivé à Paris depuis peu, se jette dans un restaurant. Il paraissait pressé, agité; il s'essuyait le front et tirait sa montre. Il s'assied et appelle le garçon avec un accent du midi très-marqué. — Garçon! un pistolet! — Comment? — Un pistolet!

Le garçon pâlit et balbutie.

— Un pistolet ! C'est mon goût.

Le garçon revient avec le maître de l'établissement ; ils ont tous deux l'œil humide et la voix tremblante.

— Comment ! chez moi ! monsieur, vous demandez ?...

— Un pistolet ! Oui, un pistolet, j'ai le droit d'exiger..... Je veux un pistolet.

— Eh bien ! monsieur, s'écrie le maître, vous ne l'aurez pas ! je m'y oppose !

— Vous êtes un insolent ! etc.

Voilà deux hommes qui se prennent aux cheveux.

Quand on s'est gourmé, on s'explique. Le Languedocien demandait un petit pain.

On demande un *pistolet* dans le Languedoc, comme on demande une *corne* à Lille et à Paris une *flûte*.

AUTRE SUICIDE.

Un événement déplorable a jeté la..... Il suffit.

Il est expressément recommandé maintenant au concierge de Notre-Dame, d'accompagner et de surveiller les curieux sur les tours, d'où volontiers il se jetaient en bas depuis quelque temps.

Hier, un Anglais qui visitait l'intérieur de l'église, s'élance dans l'escalier des tours, pâle, effaré, les mains crispées sur l'estomac, en jetant ces mots à la porte : — Jé monté là-haut.

Le concierge veut l'arrêter ; mais l'Anglais pensant qu'il demande un *pour-boire*, lui jette une pièce de monnaie, et monte toujours ; le concierge s'élance après lui : Monsieur ! monsieur !

L'Anglais le voyant arriver au premier étage monte plus haut ; le concierge monte à sa suite, il arrive au second ; l'Anglais franchit le troisième, et dérangé sans relâche se glisse de galerie en galerie jusque sur la plateforme.

Il y touchait à peine, hors d'haleine, se croyant délivré, quand voyant venir le concierge, il se précipite vers lui l'écume à la bouche :

— Voulé vo laissé moi seul, tout seul !

— Impossible, monsieur ! s'écrie l'autre avec émotion.

— Oh ! vo géné moi extraordinairement vo ! disait l'Anglais en serrant les dents.

— Mylord ! reprenait le concierge suppliant, revenez à de meilleurs sentiments.....

— Sentiments ! Oh ! c'est vo qui n'avé pas de sentiments ! Curieux vo ! impropre vo! trop, beaucoup trop ! Laissé-moi, voulé vo !

— Jamais ! mylord, jamais !

L'Anglais exaspéré lui détache un coup de poing. Les voilà aux prises. Le concierge crié, on accourt. Enfin l'Anglais fit entendre qu'il ne songeait pas à se détruire. Au contraire. Fi, le vilain.

On ajoute que ce suicide présumé a failli se tourner en un véritable homicide. On espère que cet accident n'aura pas de suites.

CHAMBRE DES DÉPUTÉS.

J'assistais l'autre jour à la séance. On s'agite beaucoup en cet endroit-là. Je le crois bien. Si par malheur ces vingt messieurs qui sont de ce côté de la salle passaient de l'autre, la France serait bouleversée et la constitution remise en question.

Le repos de l'État dépend tous les jours de ce petit accident.

Ne vous dérangez pas, messieurs, je vous prie.

Je n'aime point à coup sûr l'intolérance, mais il faut que la tolérance soit quelque chose de pire encore.

Je n'ai jamais causé avec un homme tolérant, libéral, partisan sincère de la liberté, de l'égalité, de l'humanité et de toutes les religions, qu'il ne m'ait tout doucement menacé, dès les premiers mots, de me faire guillotiner.

C'est ce qui fait que j'ai pris la tolérance en très-grande horreur.

On publie aujourd'hui des éditions de Fénélon, Bossuet, Racine, Labruyère, etc., chargées de notes et de commentaires qui rappellent les annotations de Voltaire dans les éditions de Pascal.

Il est temps de veiller à la conservation de ces monuments du génie français. Et, sans trop exiger d'elles, les autorités compétentes y pourraient du moins apposer l'inscription d'usage :

— Il est défendu de déposer.....

CORRESPONDANCE.

On se doute bien que je ne demeure pas indifférent dans la querelle que les soi-disant catholiques font à l'enseignement universitaire.

J'accueille sans plus tarder les réclamations d'un des meilleurs élèves de l'Université, à qui la reconnaissanee ne permet plus de garder le silence.

Monsieur

Anuyé des prétantions intolrante d'un clairgeai hipaucritte et ambitieu, je mets la main à la plume pour vanger cette Univer-cité qui fait tant de malles, selon les bigos, où l'on puise. malgré qu'ils ont beau dire une éduquation physique et maurale qui ne laisse rien à dézirer.

Je me croirait coupable, mauralement parlant, et indigne des bienfets que j'en ai reçus et infidel à la reconnaissance de mes mètres que je n'emploirait pas à leur defance les talans que j'en ai reçus qui ne me quittera qu'avec ma mord.

Je mé cite hautement en exemple pour la force des études et de l'ansaignement qu'on a tant fait dessus des ordures dans les journaux et sur nos praufesseurs. Je ne crins pas les émeutes de sacristi ! comme dit le

Journal des dés bas, *il n'y a qu'à montrer ce que c'est qu'un élaive des libres panseurs pour mettre la peur au ventre des énemis des lumiaires et des prograis.*

Il faut être enragé de despotisme pour calomenier l'ensaignement qu'il n'y en a pas de plus comode pour les élaives sur tous les rapports! Puisqu'avec des mètres si bons les enfans font tout ce qui veulent et leurs mètres aussi ils font tout ce qu'ils veulent.

Il y en a jusqu'à des petits qui les apelleront chamot ou mouchar, ou crapo ou n'importe ils se fâchent pas au contraire.

Aussi les nés aux catholiques sont enfoncés pour la concurance parceque si tous les enfans savaient ça, ils voudraient tous y aller, à l'Université! les parti-prêtres le savent bien, les cagos, c'est pourquoi le sens leur monte à la tête qu'ils n'en peuvent plus de vexation!!!

Au lieux quavec les libres panseurs vous êtes libre au moins, tout à fet libres, à l'étude, au réfectoire, au dortoire que je n'ai jamais vu être libre comme ça : et ça me va, moi.

En classe tout de même, vous prenez tant de liberté, que vous voulez? tout un chacun à son idée peut faire des bonhommes, priver des moigneaux, instruire des hannetons ou des verasoi ou n'importe ce qui lui convient, le metre y dit rien, il comprend ça, qu'il ne voudrait pas faire de peinne à la jeunesse.

Et comment voulez-vous que nos petits ne soient pas plus instruie que le clairgeai puisque les siminaristes s'abrutisent sur Bourredaloue et Fainélong, un tas de pairruques qui rentreront sous terre aussitôt que Quinait va être un peu plus grand! ça ne peut pas tarder! tandis que nous le plutôt qu'on peut, on nous mait à même de lire tant que nous voulons Poil de Coq ou Faubelasse, Eugène sus, Michelaid n'importe pas tous ouvrages d'agrément et par des sommités, mauralement parlant.

Pour le mouvemant politique, nous somme égalemen au courant et nous lisons tous les jours la Raieforme *en nous cotisant à sept ou huit et de même pour tout en général !!! Les plus jeunes pinsent la polca et la pipe qulottée comme des personnes raisonnables.*

Qu'est se qu'il ont donc tant à erier contre les libres panseurs? pour la religion! ah voilà les grans maux lâchés, et bien oui nous n'en voulons plus! nous sommes ferrés là dessus, le cristianisme a fait son tems? ce n'est qu'un tas de vieux saints bole qui montrent la corde du fini de l'infini et du rapport du fini à l'infini. Vous voyez si tout est fini pour lui . n. i. ni fini!!!...

Pour lors l'humanité est un nègre collectif dont les développements doivent se développer ils ne peuvent pas ne pas se développer car s'ils se dévelopait pas ils ne ce développerait jamais et ils faut qu'ils se développent.

Vous voyez donc bien qu'il faudrait être bien bette pour croire un mot de tout ça.

Dalieurs il est prouvé aujourd'hui que la chose a été inventé dans les tans par un marchant de dattes sans ouvrage. En collaboration d'un douanier grec et d'un perruquier de Sivita-Vequia, comme un veau deville monstre! qu'on l'a fait mouser dans les journaux du tems.

Qu'ils réponde à ça, s'ils en ont assez de tout peí!

Ayant apris, Monsieur, que vous aviez pris la plume jénéreusement pour vous joindré à nous puisque nous somes les plus forts, je continurai à vous faire passer des ren-saignements pour la gloire de cette chaire Université dont je lui doi mon éduqation avec laquelle, mauralement parlant, j'ai lonneur d'être monsieur

Votre dévoyé

BÉNÉDIC CAMUS,

ami du prograis à mord.

Pos criptum. — *Je vien de montrer mon artiqüe à mon praufesseur il n'y trouve qu'une faute que j'ai mal entendu dans les cours l' j'ai mis un nègre collectif, c'est être qu'il fallait mettre, ça ce ressemble tant que c'est peu de chose du reste il est an-chanté.*

On connaît aujourd'hui l'auteur de la plaisanterie attribuée au Père Loriquet, qui n'était guère capable de l'inventer. On sait qu'elle fut composée dans les bureaux du *Constitutionnel* de 1820 à 1825. L'anonyme n'est plus permis à propos d'un si bon mot.

Quoi qu'il en soit, des gens mal instruits accusaient encore l'historien ecclésiastique d'avoir écrit que *le marquis de Buonaparte* était *général des armées de Sa Majesté Louis XVIII.* — En tout cas, dit un membre connu du Jockey-Club, il lui aurait fait bien de l'honneur.

Le mot trahit un bouleversement notable dans les idées de la jeunesse. Ce malheureux s'imagine sans doute qu'il est plus beau de restaurer un trône que de l'usurper, ou que la véritable grandeur consiste à se vaincre soi-même. Il se sera perdu la tête en lisant Plutarque et les chimères de la vertu antique.

Il faut lire de bons livres pour apprendre comment on doit écrire ; mais il n'est pas inutile de lire les journaux et quelques livres du jour pour apprendre comment il ne faut pas écrire.

On s'étonne du succès des journaux. Eh quoi donc, un flatteur qui vient vous applaudir tous les matins de n'avoir pas le sens commun ; est-ce peu de chose ?

HISTOIRE DES MIRLITONS.

Qui ne connaît la poésie des mirlitons? Une poésie qui court en spirale sur fond d'or ou d'argent autour du roseau d'une flûte à l'ognon.

Une certaine année, les marchands se mirent en tête d'orner leurs mirlitons d'une littérature de la meilleure qualité. Ils allèrent donc trouver les Buffon et les Walter-Scott de l'époque, et les prièrent de céder leurs productions à tant la toise.

— Pour des mirlitons?

Ce mot répugnait aux illustres.

On leur dit un autre mot à l'oreille et ils consentirent.

Depuis lors, les mirlitons furent enjolivés de fort belles compositions, qu'on faisait examiner et corriger au préalable par un apprenti occupé au collage. Cela était humiliant pour les lettres. On finit par s'y soumettre.

Mais il y eut deux ou trois poètes en renom qui résistaient encore, par désintéressement.

Un marchand les alla trouver au sujet d'un vieux mirliton enroué qui avait bon besoin d'enveloppe.

— Vous vous moquez, marchand, lui dirent-ils.

Le marchand offrit de doubler le prix.

— A d'autres.

— Le triple ?

Ils cédèrent.

Et il n'y eut pas jusqu'à ce vieux mirliton qui ne fut habillé de belle littérature.

Ce succès des marchands de mirlitons donne à penser aux confiseurs.

Les soldats font profession de courage, comme les prêtres font profession de vertu. Il peut y avoir quelques lâches dans l'armée française, mais comment aller chercher des lâches précisément parmi les soldats?

Si vous disiez que tous les prêtres sont des scélérats : à la bonne heure, voilà qui ne révolte point.

RECHERCHES ACADÉMIQUES

L'autre jour M. M. arrive tout courant à l'Académie en habit de chasse, comme on jugeait les *Discours sur Voltaire*, M. F. l'aborde. — Vous voilà bien leste, cherchez-vous vos chevaux ? — Des ânes, monsieur, des ânes.

Dans la même séance, M. Thiers, arrivé trop tard pour entendre la lecture d'un discours qui n'était point un *éloge*, vote contre la pièce.

—Comment, monsieur, lui dit M. Guiraud, vous votez contre un discours que vous ne connaissez pas.

— Vous votez pour, Monsieur, c'est ma raison de voter contre.

M. Thiers, ce jour-là sans doute, a jugé Voltaire comme le discours.

Des choses

DE L'AUTRE MONDE.

Un jour, on enterrait un grand citoyen....... Savez-vous ce que c'est qu'un grand citoyen?

C'est un homme qui a des qualités et dix-huit cent mille livres de rentes.

Quand on n'a que des qualités, on n'est qu'un petit citoyen.

Vous auriez beau être juste, brave, désintéressé, c'est comme si vous chantiez.

On enterrait pourtant celui-là, tout grand citoyen qu'il était. Paris était en l'air; il y avait des troupes! et un monde!

Sur le boulevard, je fus éclaboussé par le cheval d'un garde. Rien ne donne à penser comme une éclaboussure. Toutes les révolutions ont commencé par là.

Je commençai, moi, par rêver; et tout en rêvant, je fus transporté bien loin au-dessus de cette foule. Tout ceci n'est donc que rêverie et supposition.

Je me figurai l'âme..... Car, faut-il bien encore croire à quelque chose; je ne puis penser qu'un grand citoyen n'ait point d'âme.

Je me figurai donc cette âme partie la

veille de son alcôve, au milieu d'un grand concours d'amis et de gens en place, et parvenue au même instant dans les régions supérieures d'un autre monde.

L'âme arrive enflée de son importance et du bruit que fait sa mort sur la terre. On doit l'attendre là haut.

Mais le même jour, comme tous les jours, il est mort 1,700,000,000 personnes, sans compter les femmes et les petits enfants. L'âme du grand citoyen est d'abord étonnée de la cohue.

Elle arrive dans un grand vestibule où les gens sont très-occupés, — quelque chose comme la salle des Pas Perdus, au Palais.

L'âme tourne, retourne; on n'y prend

garde. Elle tousse : rien. Elle appelle : personne.

Un huissier en passant lui marche sur les pieds.

— Mon ami!...

— Tout à l'heure.

— Holà! l'homme!

— Impossible.

— Je suis ce grand citoyen....

— Connais pas.

L'âme se met à la queue, précisément derrière un marchand d'ognons de la presqu'île de Malacca.

— Il paraît décidément qu'on ne sait pas ici qui je suis, disait l'âme du grand citoyen.

Cependant un garde municipal de l'endroit rangeait la foule. L'âme essaie de faire valoir ses titres ; mais le garde lui représente que les puissances célestes sont en train de juger un petit Auvergnat de sept ans et demi, et qu'il faut attendre son tour.

Je vous demande si l'âme était dépaysée.

Enfin son tour arrive. Elle pénètre dans la salle des audiences avec plusieurs de la compagnie.

Le plus grand saint, dit-on, pèche sept fois par jour ; jugez, à part vous, ce qu'il en peut être pour le plus grand citoyen, général, magistrat, tribun, ou quoiqu'il soit d'ailleurs.

Un grand citoyen peut être blanc comme neige aux yeux de ses concitoyens, et mourir chargé de certaines peccadilles qui ne soient point goûtées là haut : comme par exemple d'avoir troublé les peuples et fait égorger quelques milliers de personnes dans un intérêt particulier. Je ne fais que supposer, encore un coup.

Bref, l'âme est condamnée aux travaux forcés à perpétuité. Cette peine est grave dans l'autre monde.

On ramène l'âme dans sa prison ; elle crie, elle pleure et fait mine de s'arracher les cheveux.

Un guichetier bon diable ouvrit un vasistas du cachot, et l'invita, pour se distraire, à jeter les yeux sur les magnifiques obsèques qu'on faisait à son corps sur la terre. Belle consolation endiablée !

L'âme vit distinctement une multitude immense qui couvrait les boulevards.

D'une extrémité de la ville à l'autre, s'étend un cortége de troupes étincelantes ; dans la foule retentit le nom du grand citoyen ; on vend son portrait, son éloge et des médailles frappées en son honneur. Enfin le char qui porte ses dépouilles mortelles s'avance avec pompe au milieu d'un gros de dignitaires et de personnages qualifiés.

Vous croiriez que l'âme en était soulagée ! Elle en crevait de male rage.

Il était une fois un brigand qui s'était sauvé sur la cime d'une montagne couverte de neige, et comme il était en danger de mourir de froid, il voyait de là des gens de justice qui le brûlaient en effigie dans la plaine. — Hélas ! s'écriait-il en claquant des dents, ils me brûlent là-bas, tandis que je gèle ici.

La rencontre était telle à peu près pour l'âme du grand citoyen.

Quand le cortége fut arrivé au cimetière, on fit un grand cercle, et un homme considérable prononça les paroles suivantes ou d'autres semblables.

— Quelle gloire plus pure, quelle plus noble carrière, quelles plus hautes vertus que celles de cet homme illustre! O grand citoyen, puisses-tu voir du haut des cieux!.....

— Que le diable t'emporte! dit l'âme à sa fenêtre.

Tout-à-coup voici du tumulte : des jeunes gens enthousiastes voulaient traîner le corps en triomphe, d'autres ne le voulaient point. On se mêle, on s'échauffe, les sabres sont tirés, on se bat à outrance pour ou contre les opinions du grand citoyen, ces mêmes opinions qui l'avaient mené où vous savez.

— Hé! pauvres gens! criait l'âme.....

Mais on ne pouvait l'entendre, étant à je ne sais combien de milliers de lieues.

A. SIROU, imprimeur, rue des Noyers, 37.

Prix : 50 centimes.

Imprimerie d'A. Sirou, 37, rue des Noyers.

www.ingramcontent.com/pod-product-compliance
Ingram Content Group UK Ltd.
Pitfield, Milton Keynes, MK11 3LW, UK
UKHW031941260826
14628UKWH00004B/1766

9 782019 663797